A VERDADEIRA MISERICÓRDIA

Título original
Real Mercy

Copyright © Éditions des Béatitudes S.O.C., 2016

Capa
Gabriela Haeitmann

Dados Internacionais de Catalogação na Publicação (CIP)

Philippe, Jacques
A verdadeira misericórdia / Jacques Philippe – 2ª ed. – São Paulo: Quadrante Editora, 2024.

ISBN: 978-85-7465-679-3

1. Vida cristã – Autores católicos 2. Vida espiritual – Autores católicos I. Título

CDD–248

Índices para catálogo sistemático:
1. Vida cristã : Prática religiosa : Cristianismo 248

Todos os direitos reservados a
QUADRANTE EDITORA
Rua Bernardo da Veiga, 47 - Tel.: 3873-2270
CEP 01252-020 - São Paulo - SP
www.quadrante.com.br / atendimento@quadrante.com.br

JACQUES PHILIPPE

A VERDADEIRA MISERICÓRDIA

2ª edição

Tradução
Francisco José de Almeida

SUMÁRIO

A MISERICÓRDIA E A MÃE DE DEUS 9

A MISERICÓRDIA E O PERDÃO NA FAMÍLIA 23

MISERICÓRDIA E CONFIANÇA EM
SANTA TERESA DE LISIEUX 37

APÊNDICE I 53

APÊNDICE II 59

Digo-vos a vós que me ouvis: amai os vossos inimigos, fazei bem aos que vos odeiam, abençoai os que vos maldizem e orai pelos que vos injuriam. Ao que te ferir numa face, oferece-lhe também a outra. E ao que te tirar a capa, não impeças de levar também a túnica. Dá a todo o que te pedir; e ao que tomar o que é teu, não lho reclames. O que quereis que os homens vos façam, fazei-o também a eles. Se amais os que vos amam, que recompensa mereceis? Também os pecadores amam aqueles que os amam. E se fazeis bem aos que vos fazem bem, que recompensa mereceis? Pois o mesmo fazem também os pecadores. Se emprestais àqueles de quem esperais receber, que recompensa mereceis? Também os pecadores emprestam aos pecadores, para receberem outro tanto. Pelo contrário, amai os vossos inimigos, fazei bem e emprestai, sem daí esperar nada. E grande será a vossa recompensa e sereis filhos do Altíssimo, porque ele é bom para com os ingratos e maus. Sede misericordiosos, como também vosso Pai é misericordioso (Lc 6, 27-36).

A MISERICÓRDIA E A MÃE DE DEUS

Homilia pronunciada no dia 8 de dezembro de 2015 no Thomas More College of Liberal Arts, Merrimack, New Hampshire.

Hoje, dia 8 de dezembro, entramos no Ano da Misericórdia. O Papa Francisco quis que este ano começasse na Solenidade da Imaculada Conceição da Virgem Maria. Neste dia, celebramos a sua beleza, a sua pureza e a sua liberdade de toda forma de pecado, um sinal da vitória de Deus.

Na Bula *Misericordiae Vultus*, em que proclama o início do ano jubilar, o Papa Francisco diz:

> Depois do pecado de Adão e Eva, Deus não quis deixar a humanidade sozinha e à mercê do mal. Por isso, pensou e quis Maria santa e imaculada no amor (cf. Ef 1, 4), para que se tornasse a Mãe do Redentor do homem. Perante a gravidade do pecado, Deus responde com a plenitude do perdão. A misericórdia será sempre maior do que qualquer pecado.

São palavras de esperança. A misericórdia de Deus será sempre maior do que os nossos pecados, e é isso que contemplamos no mistério da Virgem Maria.

Por esse motivo, a Virgem Maria pode nos ajudar a receber todas as graças deste ano. E é isso que tentarei explicar de uma maneira simples. Muitas portas em igrejas e catedrais serão abertas pelo mundo inteiro ao longo dos próximos dias. Milhões de pessoas cruzaram seus umbrais, e isso será um grande bem. Haverá muitas curas e conversões, muitas graças de arrependimento, de paz e de consolação.

A misericórdia de Deus

Precisamos agradecer a Deus por este ano. Maria em pessoa é a porta da misericórdia, pois por ela a misericórdia de Deus entrou no mundo. Podemos dizer que Jesus é a misericórdia do Pai em pessoa, porque pela pessoa de Jesus, o amor misericordioso do Pai revelou-se a fim de alcançar todos os seres humanos, nos seus defeitos, nas suas feridas e nas suas fraquezas.

A misericórdia de Deus é completamente gratuita. É uma fonte abundante de ternura, de generosidade e de amor incondicional. Não precisamos comprá-la, não precisamos merecê-la: ela nos é dada de graça. A misericórdia é todo esse amor de Deus, esse amor que encontra cada um de nós na nossa pobreza e na nossa necessidade.

Em latim, «misericórdia» é uma composição de duas palavras: «miséria» e «coração». E quando falamos de misericórdia divina, falamos do coração de Deus que vem ao encontro das misérias humanas. As feridas do pecado, o mal dentro de nós que se alimenta da tristeza e do desânimo: a misericórdia de Deus visita tudo isso. Essa fonte gratuita e abundante sai ao encontro de cada homem, de cada mulher, e assume uma forma adequada à necessidade de cada um. O sofrimento e a aflição são o objeto real do carinho de Deus. Deus é o bom samaritano, que vem cuidar das nossas feridas.

Assim, como Maria pode nos ajudar a compreender e acolher o mistério da misericórdia? Penso que o papel dela é muito importante, ainda que discreto, como é próprio de todas as suas ações. Ela nunca quer ser protagonista; sempre nos guia para o seu Filho. Por isso podemos nos confiar a ela e deixar que ela nos conduza.

Podemos dar muitos motivos para isso, e talvez o primeiro seja o fato de Maria ser a pessoa mais perto de Deus, a que o conhece mais profundamente. E ela quer nos comunicar esse conhecimento.

Na homilia proferida em Fátima na beatificação de dois dos videntes (Jacinta e Francisco), São João Paulo II recordava uma das aparições da Virgem em que uma espécie de raio de luz envolveu as crianças e elas foram então imersas no mistério de Deus. O papa explicou que era um desígnio divino que a «mulher vestida de sol» descesse à terra a fim de visitar aqueles pequeninos. Explicou ainda como ela lhes pediu com palavras protetoras e compassivas — saídas «da voz e do coração de uma mãe» — para oferecerem a própria vida como «vítima de reparação». As crianças viram uma luz sair das mãos de Maria, uma luz que lhes penetrava a alma e as fazia sentirem-se unidas a Deus, absortas no amor dEle. Sentiam que esse amor era um fogo ardente, mas não abrasador. O Papa compara essa experiência à de Moisés diante da sarça ardente. Deus nos apresenta o seu amor e a sua proteção como um fogo que arde de amor por nós. E se nós o acolhermos, seremos «morada e, consequentemente, "sarça ardente" do Altíssimo»[1].

Há algo muito belo nessas palavras do santo pontífice: graças a Maria, aqueles pastorinhos sem qualquer educação formal foram imersos no mistério de Deus.

---

[1] São João Paulo II, *Homilia na Cerimônia de Beatificação de Francisco e Jacinta Marto*, 13.05.2000.

Entraram num estado de presença de Deus que não pode ser explicado por palavras. Experimentaram um fogo que ardia sem consumir, como o da sarça ardente vista por Moisés (cf. Ex 3, 2). A sarça ardente foi um momento importantíssimo na história de Israel, pois foi um momento de verdadeira misericórdia: *Eu vi, eu vi a aflição de meu povo que está no Egito, e ouvi os seus clamores por causa de seus opressores. Sim, eu conheço seus sofrimentos. E desci para livrá-lo da mão dos egípcios* (Ex 3, 7-8). E Deus chamou Moisés para salvar o seu povo.

Os pobres pastorinhos de Portugal viveram na graça através de Maria. Tiveram uma experiência de Deus tão profunda quanto à de Moisés, um dos maiores personagens do Velho Testamento. Antes, uma experiência assim estava reservada apenas a uma minúscula elite, mas agora é possível a todos.

Eu te bendigo, Pai, Senhor do céu e da terra, porque escondeste estas coisas aos sábios e entendidos e as revelaste aos pequenos (Mt 11, 25). Admitimos a nossa pequenez, mas por Maria podemos conhecer Deus no seu amor e na sua misericórdia infinita.

O belo capítulo 31 do livro de Jeremias anuncia a nova aliança e o novo relacionamento entre Deus e os homens, em que todos conhecerão Deus, do menor ao maior:

> *Eis a aliança que, então, farei com a casa de Israel — oráculo do Senhor: Incutir-lhe-ei a minha lei; gravá-la-ei em seu coração. Serei o seu Deus e Israel será o meu povo. Então, ninguém terá encargo de instruir seu próximo ou irmão, dizendo: Aprende a conhecer o Senhor, porque todos me conhecerão, grandes e pequenos — oráculo do Senhor* (Jr 31, 33-34).

A MISERICÓRDIA E A MÃE DE DEUS

Então ninguém vai precisar ensinar ninguém? Todos os pregadores perderão seus cargos porque todos vão conhecer Deus?

> *Pois a todos perdoarei as faltas, sem guardar nenhuma lembrança de seus pecados* (Jr 31, 34)

Deus, na sua misericórdia, vai perdoar-nos os pecados e esquecer-se de todas as nossas faltas. O maior conhecimento que podemos ter de Deus é o conhecimento da sua misericórdia. Há outra passagem que prediz que, nesse tempo, ninguém cometerá qualquer mal por causa do conhecimento de Deus: *Porque a terra se encherá do conhecimento da glória do Senhor, como o fundo do mar está coberto de suas águas* (Hab 2, 14). A terra inteira estará repleta do conhecimento de Deus. É disso que o nosso mundo precisa: de um tempo em que conheçamos Deus com o coração, quando o conheçamos como um Deus misericordioso. Então seremos perdoados e purificados, e poderemos nos tornar misericordiosos e capazes de perdoar e amar.

O papel de Maria

Maria tem um papel muito importante nesse processo. Ela nos introduz no conhecimento de Deus e da sua misericórdia, que é o seu atributo mais profundo. E faz isso justamente porque ela própria conheceu a misericórdia de Deus. Claro, ela nunca pecou, e não precisava ser perdoada, mas no *Magnificat* cantou a misericórdia de Deus.

Ela sabe que essa misericórdia é um dom completamente gratuito de Deus. A misericórdia de Deus é uma graça dada a Maria por antecipação, pelo mérito do sacrifício da Cruz. A efusão de misericórdia que jorra da cruz, que jorra do próprio coração de Cristo, foi o que purificou Maria. Às vezes, Deus manifesta a sua misericórdia ao perdoar pecados já cometidos, mas às vezes *a revela por antecipação ao perdoar todos os pecados que poderíamos cometer.*

Vemos esse aspecto da misericórdia na vida de Santa Teresa de Lisieux, que tinha um pouco de inveja de Maria Madalena, a quem muito fora perdoado e que, por isso, amava Jesus intensamente. Teresa não tinha pecado tanto quanto Maria Madalena, mas queria amar Jesus mais do que todos. Escreveu então: «A mim Jesus perdoou mais do que a Santa Madalena, pois me perdoou por antecipação, porquanto me impediu que caísse»[2].

> *Por isso te digo: seus numerosos pecados lhe foram perdoados, porque ela tem demonstrado muito amor. Mas ao que pouco se perdoa, pouco ama* (Lc 7, 47).

Quanto mais santos formos, mais dependeremos completamente da misericórdia de Deus, seja por causa dos pecados que nos são perdoados, seja pelo bem que fazemos, pois ambas as coisas são uma graça. Tudo nos é dado e tudo nos vem pela misericórdia de Deus, não pelo nosso mérito, mas pelo amor gratuito de Deus.

Assim, Maria é a mais rica das criaturas, a mais santa e a mais bela, mas também a mais humilde e a mais pobre, porque sabe que recebeu tudo de Deus. Ela recebeu tudo gratuitamente de Deus, e por isso dá tudo gratuitamente. Não lhe resta nada, apenas Deus, que

---

[2] *História de uma alma*, manuscrito A.

passa através dela em completa humildade e pobreza de coração. Maria conhece a misericórdia de Deus mais do que os maiores pecadores perdoados, e pode nos ajudar a entendê-la em toda a sua profundidade.

Aceitar a misericórdia de Deus e confiar nela

Vemos no Evangelho que a misericórdia de Deus é o maior dos mistérios e o mais belo dos tesouros. Contudo, temos dificuldades em aceitá-la.

Não é fácil acolher a misericórdia de Deus. Também vemos isso no Evangelho, e vemos ainda na nossa vida diária. Temos dificuldades em aceitar a misericórdia de Deus porque na verdade temos pouca confiança no perdão de Deus.

Permitam-me um pequeno exemplo. Como padre, encontro com frequência gente que me diz: «Uns anos atrás, cometi esse pecado grave e fui me confessar. Acho que Deus me perdoou, mas parece que não consigo me perdoar». Ouço isso o tempo todo.

Essa atitude pode surgir por alguns motivos. Talvez tenha a ver com a psicologia humana, mas sem dúvida existe uma falta de confiança. Não acreditamos verdadeiramente na realidade do perdão de Deus, de maneira que nem sempre o acolhemos plenamente. Deus nos perdoa, mas nós somos incapazes de nos perdoar.

Por isso, há uma questão de confiança que não nos é fácil por conta da nossa natureza humana ferida. E, no entanto, contamos com o testemunho de santos que foram grandes profetas da misericórdia, como Santa Teresa de Lisieux e Santa Faustina, e que enfatizam a importância da confiança. O que nos permite chegar à misericórdia de Deus? A confiança, uma confiança

15

completa em Deus. Quanto maior for a nossa confiança, mais misericórdia receberemos, e mais agradaremos a Deus.

Santa Teresa do Menino Jesus dizia que o que mais dói no coração de Deus não são as nossas faltas, mas a nossa falta de confiança no seu amor. É isso que nos impede de receber a misericórdia e o amor abundantes de Deus.

Façam-se a seguinte pergunta: «O que vai me fazer alcançar a misericórdia de Deus?» Minha resposta é que existem quatro condições. Já falei da primeira: confiança. Quanto mais você confia, mais completa será a sua confiança e mais misericórdia gratuita você receberá.

Humildade e pobreza de espírito

A segunda condição é a humildade. Como disse, não raro temos dificuldade em aceitar a misericórdia de Deus; não nos perdoamos nem mesmo quando Deus já nos perdoou. Às vezes o motivo é o orgulho: «Não aceito ser uma pessoa que caiu, uma pessoa que cometeu erros. Eu queria ser perfeito, infalível. Mas cometi erros que não consigo aceitar». Isso brota de uma certa forma de orgulho.

Temos dificuldade em aceitar que dependemos da misericórdia de Deus. Gostaríamos de sermos capazes de nos salvar por conta própria. Gostaríamos de ser a nossa própria riqueza, de ser ricos com base nas nossas boas ações e qualidades. Não nos é fácil aceitar que somos pobres de coração. Receber tudo da misericórdia de Deus — aceitar que Deus é a nossa fonte de riqueza, e não nós mesmos — requer uma grande pobreza de coração.

Devemos voltar a uma frase de Santa Teresa de Lisieux. Ela escreve o seguinte numa carta a um sacerdote:

> Ah, como são pouco conhecidos a bondade, o amor misericordioso de Jesus, Irmão! [...] É verdade que para gozar desses tesouros é preciso humilhar-se, reconhecer o próprio nada, e é isso que muitas almas não querem fazer[3].

Vemos isso também no Evangelho. Além de termos dificuldades em aceitar a misericórdia de Deus para nós mesmos, às vezes também custamos para aceitar a misericórdia recebida pelos outros. Por que Jesus foi condenado à morte? Por causa da inveja dos escribas e fariseus que se negaram a aceitar que Ele pudesse ser misericordioso e acolhedor para com publicanos e pecadores.

Justiça versus Misericórdia

Essa é a atitude do irmão mais velho na parábola do filho pródigo (cf. Lc 15, 11-32). Ao final de uma jornada em que cometera muitas estupidezes, o irmão mais novo volta à casa arrependido. O pai se alegra por poder dar as boas-vindas ao filho. «Pois este meu filho estava morto, e reviveu; tinha se perdido, e foi achado». Ordena então que se faça uma festa. Os criados matam um novilho gordo. O irmão mais velho fica então furioso e diz mais ou menos assim: «Estou sempre contigo, nunca fiz nada de errado, e tu não me deste nem mesmo um cabrito». Não aceita a misericórdia do pai para com o outro filho. Por quê? Porque tem o seu próprio senso de justiça.

---

[3] Carta 261 ao Pe. Bellière, 26.07.1897.

Esse é o problema dos fariseus. Satisfazem o seu próprio senso de justiça e contentam-se com suas próprias obras. Pensam ter direito à bênção de Deus, e quando a bênção recai sobre um pecador, veem-na como uma violação dos seus direitos.

É essa a premissa do orgulho humano, da insistência nos próprios direitos. Não conseguimos aceitar que Deus possa ser tão generoso com pobres e pecadores. Mas é melhor aceitarmos, porque há sempre um momento nas nossas vidas em que *nós* somos os pobres e pecadores, quando mesmo as pessoas mais elevadas caem no pecado.

Podemos ver um exemplo dessa mudança de situação na história do Profeta Elias. Ele é poderoso: causa uma seca que dura três anos (cf. 1 Rs 17, 1), e, numa disputa com os sacerdotes pagãos de Baal, pede a Deus que envie fogo dos céus para consumir o sacrifício no Monte Carmelo (cf. 1 Rs 18, 38) e o Senhor o escuta. Logo depois desse triunfo espetacular, ele se vê diante da própria fraqueza e pobreza. Foge para o deserto a fim de escapar da ira de Jezebel. Está desanimado. Procura abrigo do sol escaldante, mas desiste: «Basta, Senhor; tirai-me a vida, porque não sou melhor do que meus pais» (1 Rs 19, 4). Tem consciência da sua pobreza.

Em vez de matá-lo, Deus lhe envia um anjo que lhe dá conforto e alimento, e isso lhe permite caminhar por quarenta dias e quarenta noites e encontrar Deus de uma nova maneira. Esse grande profeta teve o seu momento de depressão. Sentia-se pobre, apesar de tudo o que havia realizado pela graça.

Às vezes, é bom que nos alegremos por termos realizado coisas grandes. Mas também devemos nos alegrar quando experimentamos a própria pobreza, porque os pobres são bem-aventurados. A misericórdia é para aqueles que necessitam dela, que sentem profundamente que não podem salvar-se por si mesmos. A nossa única esperança não está nas nossas obras; está na misericórdia infinita de Deus. Essa é a nossa única segurança, a segurança de saber que a misericórdia de Deus jamais se esgotará. E essa a segunda condição para receber a misericórdia de Deus: humildade e pobreza de coração.

Gratidão

Há uma terceira e importante condição: sermos agradecidos. Jesus diz no Evangelho: «Ao que tem, se lhe dará e terá em abundância, mas ao que não tem será tirado até mesmo o que tem» (Mt 13, 12). Podemos entender essa frase da seguinte maneira: aquele que sabe que recebeu seus dons de Deus e os agradece, receberá ainda mais.

Há um pequeno segredo na vida espiritual: quanto mais o coração agradece, mais Deus dá, mesmo quando a vida não é perfeita, mesmo quando não temos tudo o que queremos ou tudo de que precisamos. Quanto mais agradecermos a Deus, mais o nosso coração estará aberto para receber a sua misericórdia e os seus dons.

Perdão

A quarta condição para recebermos a misericórdia de Deus em abundância aparece com bastante clareza no Evangelho: quem não perdoa, não pode ser perdoado por Deus. Às vezes, o que impede que recebamos a misericórdia de Deus é a nossa falta de misericórdia para com os outros, a nossa falta de bondade para com os outros. Assim, nós também temos de ser misericordiosos: *Bem-aventurados os misericordiosos, porque alcançarão misericórdia* (Mt 5, 7). Quanto mais misericordioso sou com meus irmãos e irmãs, mais Deus será misericordioso comigo.

Maria pode nos ajudar em todas essas quatro condições. Vocês sabem qual é o maior segredo que São Luís Maria Grignion de Montfort descobriu e por que ele compôs a consagração a Maria? É muito simples: se nos dermos completamente a Maria, ela se dará completamente a nós. Tudo que Maria recebe — todas as suas graças, toda a sua disposição interior para Deus — virão a nós.

Santa Teresa de Lisieux compreendeu bem isso. Ela escreveu um poema sobre Maria, «Porque te amo, ó Maria». Nele encontramos o seguinte verso: «O tesouro da mãe pertence ao filho»[4].

Algumas das presentes aqui são mães, e acho que vocês sabem muito bem que tudo o que uma mãe possui não é para si, mas para os filhos. E Maria é nossa mãe. Dá-nos tudo que recebe de Deus. Quanto mais nos dermos a Maria, mais ela se dará a nós.

Dons de Maria

São Luís de Montfort escreve a respeito de tudo o que Maria nos dá. Ela nos dá sua fé, sua confiança em Deus. Dilata nossos corações numa confiança filial. Afasta de nós todo medo e toda suspeita. Dá-nos confiança, simplicidade e uma fé profunda, o que nos capacita a pôr toda a nossa esperança em Deus. Assim, dá-nos também sua humildade.

Outro verso do mesmo poema escrito por Santa Teresinha diz: «Perto de ti, Maria, gosto de permanecer

---

[4] Cf. o Apêndice II.

pequena». Há aqui um mistério. Quanto mais perto estivermos de Maria, mais aceitaremos a nossa pequenez. Frente a frente com nós mesmos, com as nossas faltas, chagas, imperfeições e fracassos, tendemos a exagerar as nossas dificuldades. Mas quando estamos frente a frente com Maria, compreendemos tão bem a bondade de Deus que somos capazes de aceitar a nossa pequenez.

O amor maternal de Maria nos ajuda a reconhecer e aceitar pacificamente as nossas limitações e fraquezas. Esse é o maior dom de Maria para nós. Perto de Maria, amamos a nossa pequenez. Santa Teresinha também o diz: «Quanto mais você amar a sua pequenez e a sua pobreza, mais graças Jesus lhe dará».

Maria nos dá o dom da ação de graças. Maria é a Virgem do *Magnificat*. Ela canta as maravilhas da misericórdia de Deus num hino de esperança. O *Magnificat* é um hino de esperança porque ainda não se realizou. Deus vai derrubar os poderosos dos tronos e elevar os humildes. Quando Maria o canta, os reis ainda estão sentados em seus tronos. O hino de esperança também é um hino de gratidão. Maria nos ensina a dádiva da ação de graças e de louvor pelo *Magnificat*.

Se queremos alcançar a misericórdia, temos que ser misericordiosos para com os outros. Para isso, Maria nos dá um belo dom: o seu coração de mãe, o seu coração de misericórdia.

O que vemos Maria fazer no casamento em Caná? Ela é a primeira a notar a necessidade das pessoas ao seu redor. O vinho acabou; seria uma catástrofe — ainda maior se o casamento fosse na França! Maria é a primeira a notar, e vai procurar Jesus.

Neste primeiro dia do Ano da Misericórdia, recebi um texto de uma pessoa em Lourdes que passou pela Porta da Misericórdia. As portas deviam ser abertas apenas domingo que vem, mas parece que Lourdes adiantou-se ao cronograma. Acho que foi a Virgem Maria que deu um jeito nisso. Ela sempre acelera as coisas! O que é belo em Maria não é apenas a força da sua fé, mas a delicadeza do seu amor. Um amor atento, terno, que vê as necessidades dos outros e que a leva a correr para atendê-las. Maria pode nos ajudar a prestar atenção aos outros em primeiro lugar; a reconhecer as suas carências e sofrimentos; a reconhecer o quanto eles precisam do nosso perdão e da nossa ajuda.

Maria pode nos ajudar a abrir o coração e os olhos para as necessidades dos nossos irmãos e irmãs. Ela nos move a atos de amor e misericórdia através da sua graça maternal. A sua ternura e o seu amor têm a força da fé. Podem ser comparados a um exército pronto para a batalha. Ela é forte contra o mal, mas sem perder a paz interior e a ternura que nos transmite.

Ao longo deste Ano da Misericórdia, vamos pedir a graça de acolher Maria no coração, de dar-nos a ela, para que ela nos dê o que recebeu do Senhor. Ela pode nos dar confiança, fé, humildade, esperança e gratidão sem limites, bem como um olhar amoroso e a bondade que tem profundamente arraigada em si.

Se nos esforçarmos para pôr em prática todas essas coisas ao lado de Maria, ela pedirá a Deus aquilo de que precisamos. Maria acrescentará tudo o que nos falta em fé, e então recebemos muito mais do que valem nossos méritos.

Entregues a Maria, poderemos viver com abundância as graças deste ano. Compreenderemos melhor a misericórdia de Deus, e a acolheremos melhor para nós e para os outros.

A MISERICÓRDIA E O PERDÃO NA FAMÍLIA

Homilia proferida no dia 9 de dezembro de 2015 na Igreja da Ressurreição em Nashua, New Hampshire.

Senhor, queremos agradecer-Te por tua presença entre nós — por tua presença de misericórdia, de amor e de paz. Agradecemos-te por todas as graças que preparaste para nós esta noite. Queremos confiar-nos especialmente à Virgem Maria, que nos conduz a um clima de oração e adoração. Pedimos que ela abra nossos corações à Palavra de Deus, a fim de que ela frutifique em nós.

Hoje à noite tratarei do importante tema da misericórdia e do perdão na família. Como as nossas famílias podem receber as graças deste Ano da Misericórdia? O assunto é vasto. Vou apresentar-lhes algumas reflexões na esperança de ajudar.

Não apenas os indivíduos, mas também as famílias como um todo são chamadas a receber a misericórdia de Deus e a ministrarem. Esse é o grande convite que o Papa Francisco nos faz: acolher a misericórdia de Deus para nós e sermos misericordiosos com os outros como o Pai é misericordioso conosco.

A família é um lugar privilegiado para viver esse chamado. Quando vivemos em família, vivemos juntos sob o mesmo teto. Temos relações bem próximas; estamos fisicamente próximos. Podemos apoiar-nos uns aos outros, amar-nos uns aos outros. Podemos ensinar nossos filhos a fazê-lo. A família é um lugar de grandes graças; é a unidade fundamental da Igreja.

Por causa dessa proximidade de vida nas famílias, também vemos e experimentamos limitações, tanto as nossas próprias como as dos outros. Tomemos, por exemplo, o meu caso. Há quarenta anos vivo numa comunidade religiosa — e uma comunidade religiosa é um pouquinho parecida com uma família. Antes de entrar, estava convicto de ser uma pessoa muito paciente. Depois de quinze dias, estava convicto de que a minha paciência não era tão grande assim...

Esse tipo de autoconhecimento é uma das graças da vida em família. Enxergamos os nossos limites, a nossa falta de paciência, a dificuldade que às vezes temos de amar e perdoar. Também vemos as nossas fraquezas e defeitos; elas costumam vir à luz no relacionamento com os outros. Às vezes um filho força todos os nossos limites. Ou nos deixa tão irritados que enxergamos os nossos defeitos e o quanto necessitamos da ajuda de Deus porque, sozinhos, somos incapazes de amar. Somos incapazes de contar com as próprias forças. Temos que contar com a graça de Deus, com o Espírito Santo que vem socorrer a nossa fraqueza.

Se queremos levar a sério a vida familiar, se queremos de verdade amar aqueles ao nosso redor, somos como que forçados a pedir a Deus essa graça. Dizemos: «Senhor, vês as minhas limitações, minha dureza de coração, e só Tu podes ajudar-me. Só Tu podes curar-me e dar-me o amor de que preciso para amar os outros, o amor de que preciso para amar a minha esposa e os meus filhos». Nosso coração é limitado, mas felizmente Deus é super-abundante. Ele é rico em misericórdia, e se nós lhe pedirmos essa graça, Ele nos conduzirá pouco a pouco ao amor verdadeiro. Quando vivemos juntos como família, vemos a pobreza uns dos outros. Somos obrigados a praticar a misericórdia uns com os outros, a aceitar-nos e amar-nos uns aos outros como somos, e a sermos pacientes e praticar todas as obras de misericórdia. A vida em família nos dá várias oportunidades de luta nesse campo.

Podemos dizer muitas coisas sobre o assunto, mas gostaria de falar de dois pontos. O primeiro é o perdão, importantíssimo nas famílias, e o segundo é a maneira como vemos os outros.

Antes de entrarmos nesses pontos, vale a pena olharmos duas passagens da Escritura, especialmente um dos muitos convites à misericórdia que o Evangelho nos faz. São Mateus escreve: *Portanto, sede perfeitos, assim como vosso Pai celeste é perfeito* (Mt 5, 48). São Lucas formula a mesma ideia de uma maneira um pouco diferente:

> *Sede misericordiosos, como também vosso Pai é misericordioso. Não julgueis, e não sereis julgados; não condeneis, e não sereis condenados; perdoai, e sereis perdoados; dai, e dar-se-vos-á. Colocar-vos-ão no regaço medida boa, cheia, recalcada e transbordante, porque, com a mesma medida com que medirdes, sereis medidos vós também* (Lc 6, 36-38).

São convites à misericórdia — a não julgar, a não condenar, a perdoar como Deus nos perdoa. Também contêm uma promessa de felicidade. Não é muito fácil vivê-los, mas se vocês tentarem, com a ajuda de Deus, receberão uma «medida boa» e «transbordante».

> *Portanto, como eleitos de Deus, santos e queridos, revesti-vos de entranhada misericórdia, de bondade, humildade, doçura, paciência. Suportai-vos uns aos outros e perdoai-vos mutuamente, toda vez que tiverdes queixa*

contra outrem. Como o Senhor vos perdoou, assim perdoai também vós. Mas, acima de tudo, revesti-vos da caridade, que é o vínculo da perfeição. Triunfe em vossos corações a paz de Cristo, para a qual fostes chamados a fim de formar um único corpo. E sede agradecidos (Cl 3, 12-15).

É um convite ao amor que traz a paz, um amor que não é uma mera abstração, mas uma realidade bem concreta: um amor feito de delicadeza, bondade, humildade e perdão; de tudo o que está bem no cerne da vocação da família.

O perdão na vida da família

Eu gostaria de dizer algumas palavras sobre o perdão, porque a misericórdia que praticamos na família assume muitas formas. Encorajamos, suportamos, carregamos uns aos outros. Mas a forma de misericórdia mais necessária é a capacidade de perdoar.

Nem sempre é fácil perdoar, mas é necessário. Se não existe perdão no relacionamento de um casal, se não existe perdão entre os membros de uma família, os problemas começam a multiplicar-se. Surgem sofrimentos de todo tipo e criam-se barreiras que separam as pessoas. Por outro lado, se perdoamos uma e outra vez, o relacionamento cotidiano permanece possível e o amor pode sempre renascer.

Como dissemos, o perdão nem sempre é fácil; é um dos atos de amor mais desprendidos. O perdão também pode ser um dos maiores atos de liberdade, pois é a liberdade de amar mesmo aquele que nos feriu.

Quando o perdão não vem fácil, precisamos pedir essa graça. Às vezes, nossas forças humanas não bastam, e então precisamos pedir forças a Deus com humildade na oração. Às vezes, essa graça demora a chegar, o que é normal. Quando estamos profundamente feridos, pode ser que essa graça só venha depois de muita oração, paciência e humildade. Com a graça de perdoar, todas as coisas ruins desaparecem. O amor e a comunhão renascem.

É difícil dizer: «Eu te perdoo». É mais fácil perdoar como Jesus. Quando perdoou seus inimigos na Cruz, Ele voltou-se para o Pai e disse: *Pai, perdoa-lhes; porque não sabem o que fazem* (Lc 23, 24).

Quando achamos muito difícil dizer: «Eu te perdoo», também precisamos voltar-nos para o Pai, porque no fim das contas só Deus pode perdoar de verdade. Precisamos voltar-nos para o Pai e dizer aquelas palavras de Jesus: «Pai, perdoa essa pessoa, porque ela não sabe o que faz».

É verdade que na maioria das vezes o homem não sabe o mal que está cometendo, não capta toda a sua extensão. Para perdoar, temos que passar pelo coração do Pai. Lá está a fonte do perdão. Não em mim, mas no coração de Deus, e é nele que devo procurar o perdão.

Perdão e fé

O perdão é um ato de amor, um ato de caridade. É também um ato de fé, porque uma das coisas que me permitem perdoar alguém é a fé. Sem ela, seria impossível.

Deus pode tirar o bem mesmo do mal. Digamos que eu tenha padecido um mal; sofri, magoei-me, mas creio que Deus é poderoso o bastante para tirar o bem de qualquer coisa, mesmo do mal cometido contra mim.

Na leitura do Evangelho para a Solenidade da Imaculada Conceição, o anjo diz a Maria que para Deus nada é impossível (cf. Lc 1, 37). Se cremos que Deus pode tirar uma coisa boa de um mal — de um mal que padecemos —, então Ele poderá curar as nossas feridas, e nos será mais fácil perdoar.

Um dos motivos que tornam o perdão tão difícil no mundo de hoje é a nossa falta de fé. Estamos convictos de que as nossas feridas são definitivas e jamais serão curadas; pensamos que não há remédio para o mal. Trata-se de uma atitude bem humana.

Nesse sentido, o perdão também é um ato de esperança. Quando não perdoo uma pessoa, estou a condenando. Isto é, estou identificando essa pessoa com o mal que ela cometeu. Considero-a culpada e má. Não quero perdoá-la. Não vejo esperança para ela; não acho que ela possa mudar.

Com efeito, perdoar alguém é um ato muito belo de esperança. Tal pessoa fez algo ruim, praticou um ato errado, mas não quero identificá-la com ele, porque, apesar desse erro, Deus ainda a ama. Deus age no coração dela. Talvez ela vá se converter. Talvez essa pessoa que estou julgando e condenando venha a ser um grande santo algum dia. Acaso não há exemplos de santos assim — assassinos, adúlteros, criminosos, mas que foram transformados pela graça?

Esperança

Através do meu perdão, faço um ato de esperança no caminho que a pessoa seguirá. Tenho esperança no seu progresso, na sua conversão. Creio que essa pessoa também vai encontrar Cristo e ter o seu coração transformado.

A esperança é muito poderosa, porque Deus nos concede aquilo que esperamos. Há uma passagem de São Paulo que fala do amor aos inimigos. *Não pagueis a ninguém o mal com o mal. Aplicai-vos a fazer o bem diante de todos os homens* (Rm 12, 17). E mais adiante (20-21):

> *Se o teu inimigo tiver fome, dá-lhe de comer; se tiver sede, dá-lhe de beber. Procedendo assim, amontoarás carvões em brasa sobre a sua cabeça. Não te deixes vencer pelo mal, mas triunfa do mal com o bem.*

Esse trecho sobre os «carvões em brasa» é muito estranho. Quando fazemos uma boa ação com o inimigo amontoamos carvões em brasa na cabeça dele?

Essa imagem evoca o chamado de Isaías. Quando o profeta vê a santidade de Deus, sente intensamente a sua condição de pecador. E diz:

> *Ai de mim. Estou perdido porque sou um homem de lábios impuros, e habito com um povo de lábios impuros e, entretanto, meus olhos viram o rei, o Senhor dos exércitos!* (Is 6, 5)

Um serafim então pega com uma tenaz um carvão em brasa no altar e o passa sobre os lábios de Isaías para em seguida dizer: *Tendo esta brasa tocado teus lábios, teu pecado foi tirado, e tua falta apagada* (Is 6, 7). Essa purificação com o carvão em brasa é a graça do perdão.

Amontoar carvões em brasa na cabeça de alguém quer dizer que preparamos uma efusão do Espírito Santo. Um dia esses carvões na cabeça da pessoa entrarão no coração dela, não como condenação, mas como purificação, conversão. Se, com fé e esperança, perdoamos essa pessoa, estou amontoando o Espírito Santo na cabeça dela. Um dia, o Espírito Santo entrará no seu coração e a transformará e santificará.

O perdão nos torna livres

Creio firmemente no poder da esperança. O perdão é um ato de esperança porque Deus vai nos conceder aquilo que esperamos com fé. A esperança nunca decepciona. Além do mais, quando perdoamos, libertamos o outro da vingança e do perdão. Mas não é apenas o outro que é libertado; nós também o somos. Sempre que perdoamos, nos libertamos.

O que acontece quando não perdoamos? Se alguém fez algo contra mim dez anos atrás e eu ainda não quero perdoar, me torno um prisioneiro do passado. É como se uma corrente me mantivesse preso a um passado de dez anos. E, assim, não estou livre para receber as graças de hoje.

Uma vez escutei uma história muito triste durante uma missão numa paróquia. Havia uma mulher de talvez uns noventa anos. Conversamos, e o principal assunto que ela levantou foi o seu ressentimento com algumas freiras que a trataram mal na escola quando ela tinha dez anos. É muito triste ver alguém com noventa anos guardar rancor de algo que aconteceu décadas antes.

Não nos libertamos do passado sem perdoar. Não podemos receber as graças do momento presente, todas as bênçãos que Deus quer nos dar. Não podemos recebê-las porque estamos presos ao nosso passado devido a essa recusa em perdoar.

O que significa não perdoar? Significa alimentar um rancor, um julgamento, às vezes mesmo um ódio no coração. E isso o envenena. O coração fica impuro, perde a liberdade. É como se levássemos veneno dentro de nós. Isso nos prejudica por muitos motivos. E também nos põe numa condição de dependência.

Fala-se muito hoje em dia da dependência emocional. Às vezes, tornamo-nos dependentes demais de uma pessoa. E então não somos livres; ficamos excessivamente apegados a essa pessoa. Transformamo-la num ídolo. Não podemos viver dez minutos sem ela; temos que mandar mensagens pelo telefone o tempo todo: «Está pensando em mim? Você me ama?».

Odiar alguém é uma forma de dependência também. Quase sempre pensamos numa pessoa que odiamos tanto quanto pensamos noutra que amamos. Nossos pensamentos ocupam-se das más experiências, e nosso coração dos sentimentos negativos. Somos dependentes daqueles que não conseguimos perdoar.

Em contrapartida, quando perdoamos, somos livres. Saímos do estado de dependência. Podemos ser nós mesmos por inteiro, e podemos permitir que a graça de Deus habite em nós. Podemos nos abrir para pensamentos positivos e esperanças em vez de mexer o caldo venenoso dentro de nós. O perdão liberta. Que tenhamos coragem de pedir a graça do perdão e levá-la à prática.

Eis aqui outra história. Uns anos atrás, uma mulher num retiro que eu pregava veio conversar comigo. Ela tinha um problema: não conseguia perdoar o marido. Ele a traíra; tivera uma pequena aventura com outra mulher. O caso não tinha durado muito e tinha acontecido três anos antes. Ela estava muito ferida e não conseguia perdoá-lo.

A mágoa dela é completamente normal. O adultério causa um sofrimento real no cônjuge inocente. É uma infidelidade, uma traição à comunhão de vontade e coração de um casal, bem como à comunhão física e à intimidade. Entregar o próprio corpo a alguém fora do casamento é trair a aliança conjugal e, logicamente, causa um sofrimento muito grande ao traído.

Dito isso — e não é minha intenção aqui desculpar a ação do marido —, fazia um bom tempo que maus sentimentos corroíam aquela mulher por dentro. E ela era uma boa cristã, conhecia os Evangelhos; sabia que era chamada a perdoar. Mas dizia: «Li todos os livros sobre perdão, mas não consigo». Conversamos um pouco e acho que no final compreendi os verdadeiros motivos da sua dificuldade. Na medida em que um homem pode compreender uma mulher, é claro!

Vi que havia duas coisas que a impediam de perdoar. A primeira era a seguinte: a traição do marido lhe dava, em certo sentido, uma confortável posição de superioridade com relação a ele. Ela podia dizer a si mesma: «Eu sou a santa e ele, o pecador, então estou bem acima dele». Ela não queria perder essa «vantagem».

E perdoar exige muita humildade, porque supõe desfazer a divisão entre «santos» e «pecadores». Exige reconhecer que há dois pecadores. Ele pecou contra ela, é verdade, mas por acaso ela é perfeita? Acaso não teria pecado alguma vez contra ele? Talvez não de maneira tão patente, mas também tinha agido mal nalguns assuntos.

O que fazemos ao perdoar? Deixamos a situação de superioridade e ficamos no mesmo nível do perdoado. Porque ambos somos pobres. Ambos somos pecadores. Perdoamos um ao outro e caminhamos juntos no mesmo nível. Não há superioridade. Ambos somos pecadores, e Deus nos perdoa a ambos.

Perdoamos uns aos outros como pobres, sem o desejo de dominar, sem acreditar que somos melhores que os outros. Caminhamos juntos na humildade e na pobreza de coração. Há uma decisão a ser tomada, uma decisão que requer humildade bem como confiança mútua. E, no caso da mulher traída, uma confiança no matrimônio.

O que é um casamento? Duas pessoas, dois pecadores que se acolhem mutuamente e caminham juntos sem jogar a culpa no outro, sem perguntarem quem é o pior ou quem é o melhor. São perguntas que não se fazem.

Acho que o segundo motivo que aquela mulher tinha para não perdoar era, digamos, a utilidade do pecado do marido. Depois de um tempo, quando o marido voltou a erguer a cabeça após a queda, quando queria sair com os amigos, ela ventilava a sua mágoa: «Lembre-se do que você fez comigo». Muitas vezes usamos o pecado para, de alguma maneira, manipular os outros.

O perdão implica renunciar ao poder de censurar o outro. O perdão devolve a liberdade ao outro. É esse o convite que o Evangelho nos faz: cancelar as dívidas.

Cancelar as dívidas

Perdoar é dizer: «Você não me deve nada, e eu não lhe peço nada; perdoei você e agora vamos caminhar em liberdade mútua. Respeito a sua liberdade como você respeita a minha. Não uso sutilmente os seus erros para lhe obrigar a fazer isto ou aquilo».

Esse cancelamento das dívidas é muito importante na vida familiar porque, com frequência, queremos exercer poder sobre os outros: «Você errou comigo, então me deve». Às vezes, essa atitude se dá de outra maneira, que já não é tão relacionada com o perdão. Por exemplo: «Eu fiz muitas coisas boas para você. Fui generoso. Venho ajudando você por vários anos. Você me deve. Tenho poder sobre você por causa das coisas boas que lhe fiz».

Jesus nos chama a perdoar essas dívidas. Se alguém pecar contra você, perdoe. Essa pessoa não lhe deve nada. E se você fez algo bom para alguém, não peça nada em troca. Ame gratuitamente e não a fim de receber algo ou criar uma obrigação.

Isso é muito importante, porque se não compreendermos isso, se não perdoarmos *todas* essas dividas, começamos a calcular o que damos e o que recebemos. Passamos a manter um controle e nunca estamos satisfeitos. O único jeito de ficarmos satisfeitos e felizes é amar gratuitamente, sem esperar recompensas; perdoar o mal que nos fizeram e não cobrar nada pelo bem que fazemos aos outros. Esse é o verdadeiro caminho para a liberdade de coração.

Como Jesus olhava os outros

Há um jeito de olhar as pessoas que dá vida; é um olhar de bondade, de misericórdia, de encorajamento e esperança. Há também um jeito de olhar que pode trazer a morte: um olhar que acusa, que fecha, que julga, que rejeita. O Papa Francisco pregou sobre o olhar de Jesus numa homilia de 21 de setembro, Festa de São Mateus.

Vocês conhecem a história da conversão de São Mateus. Ele era um publicano, um coletor de impostos que trabalhava para os romanos de maneira certamente desonesta. Era desprezado. Um dia, estava com um grupo dos seus colegas coletores de impostos quando Jesus passou. Jesus olhou para ele e o chamou. Chamou aquele homem que todo mundo julgava desprezível. Jesus o olhou com amor e o escolheu para se tornar um apóstolo.

A homilia do Papa Francisco centra-se no significado desse olhar de Jesus, desse olhar de misericórdia e esperança que liberta. Ele diz que o olhar de Jesus, o olhar poderoso do amor, moveu Mateus, o publicano, a mudar de vida para sempre. Enquanto foi coletor de impostos, que tomava dos judeus para entregar aos romanos, Mateus era evitado, desprezado, considerado um traidor que «extorquia o próprio povo». Conta o Papa Francisco que ninguém rezava, comia ou mesmo falava com gente assim. Mas Jesus fez tudo isso. Parou e olhou para Mateus com paz, com misericórdia, com calma, com um olhar que Mateus jamais recebera. E continua o Papa: «aquele olhar abriu o seu coração, fê-lo livre, curou-o, deu-lhe uma esperança, uma nova vida». Jesus também nos olha desse jeito. Jesus toma a iniciativa de olhar-nos, de convidar-nos, sem fazer muito caso dos nossos pecados. Como o Papa Francisco diz-nos belamente: «Para além das aparências, para além do pecado, para além do fracasso ou da nossa indignidade». Nossa riqueza, nosso status? Jesus não se importa com isso. «Ele vê a dignidade de filho que todos temos, talvez manchada pelo pecado, mas sempre presente no fundo da nossa alma»[1].

O Papa diz que Jesus enxerga além do pecado. Enxerga mais fundo do que as nossas feridas. Enxerga o filho de Deus em nós. Enxerga a nossa dignidade de filhos de Deus. E ao olhar-nos, Ele liberta esse filho de Deus. Abre-nos um caminho de liberdade com seu olhar amoroso. Não importam os nossos pecados, a nossa pobreza: Jesus olha-nos com carinho. Nesse olhar, Ele nos purifica, nos dá esperança, e abre-nos um caminho de vida.

---

[1] Papa Francisco, *Homilia*, 21.09.2015.

O Papa recorda-nos que Jesus veio à terra de maneira que todos nós, que nos sentimos indignos, pudéssemos experimentar o seu olhar de amor. Esse olhar é a fonte da nossa esperança e da nossa alegria, que impulsiona a nossa fé e acende o nosso amor.

Deixemo-nos olhar por Jesus com esse olhar de misericórdia que não nos julga, mas que, pelo contrário, enxerga a nossa identidade de filhos de Deus e nos encoraja e reergue.

Sugiro que vocês façam uns minutos de silêncio. Convido-os a olhar para Jesus, que está verdadeiramente presente aqui na Eucaristia. Olhem para Ele com fé, com esperança e com amor.

E o que é mais importante: deixem Jesus olhar para vocês. Ponham-se diante dos olhos de Jesus e acolham esse olhar que os contempla com paz e com calma, esse olhar que ama cada um de vocês e enxerga a sua identidade mais profunda. Jesus, que nos olha com esperança. Jesus, que enquanto nos olha, nos ama, nos cura e nos purifica. Jesus nos encoraja a viver as nossas vidas como filhos de Deus.

Tiremos estes instantes para olhar para Jesus com fé e, sobretudo, para acolher o seu olhar e deixarmos que Ele nos cure. Que Ele nos cure dos nossos desânimos, de todos os nossos sentimentos de culpa, das nossas preocupações, talvez da nossa vergonha. O olhar de Jesus pode curar tudo em nós, pode purificar e renovar o nosso coração.

Tudo depende de uma coisa: deixarmo-nos olhar por Jesus da mesma maneira que Mateus. Deixarmo-nos ver. Cada vez que Jesus nos olha, Ele nos liberta. Ele nos dá uma vida nova. Deixemos Jesus nos olhar.

MISERICÓRDIA E CONFIANÇA EM SANTA TERESA DE LISIEUX

Homilia pronunciada em 10 de dezembro de 2015 na Igreja de São Patrício, Pelham, New Hampshire.

Não posso falar o bastante sobre Santa Teresa de Lisieux (1873-1897). Ela entrou no convento do Carmelo aos quinze e morreu aos vinte e quatro: teve uma vida muito curta mas muito intensa. Depois da sua morte, seus escritos — a autobiografia, as cartas e os poemas — espalharam-se pelo mundo. Milhões de corações foram tocados por sua mensagem. Ela tinha dito umas poucas semanas antes de falecer: «Passarei meu Céu fazendo o bem na terra».

Um dos seus temas favoritos era a misericórdia de Deus. E isso numa época marcada pelo jansenismo, que consistia numa visão exagerada da severidade e da justiça de Deus de uma maneira que assustava as pessoas. Teresa, por sua vez, concentrou-se no essencial dos Evangelhos: o amor de Deus manifestado por um Pai que ama e cura seus filhos.

Teresa ajudou milhões de pessoas a redescobrir a paternidade de Deus. Foi canonizada em 1925, somente vinte e oito anos após a sua morte. São João Paulo II a proclamou Doutora da Igreja em 1997. Isso é bastante surpreendente: uma jovem que jamais cursou estudos teológicos é uma Doutora da Igreja. E nós somos chamados a entrar na sua escola.

Vou falar da misericórdia segundo Santa Teresa de Lisieux. Ela primeiro experimentou a misericórdia de Deus na própria vida, e então a levou aos outros. A pedido das suas superioras, começou a escrever a sua autobiografia dois anos antes de falecer. Elas conseguiam sentir que aquela jovem religiosa vivia algo belo, algo que era importante não perder. Peçamos nós também a graça de olhar uns para os outros na nossa família com o mesmo olhar misericordioso que Deus nos dirige. Que o meu olhar para os outros lhes dê liberdade e esperança, como o olhar de Jesus me dá.

Uma visão mais ampla da misericórdia

No começo, Teresinha não estava muito animada a obedecer ao pedido; a ideia de outras pessoas debruçadas sobre sua vida a deixava reticente. Mas logo ela compreendeu que escrever a história da sua vida era uma graça, porque lhe daria a oportunidade de falar aos outros sobre a misericórdia de Deus.

No primeiro capítulo da sua autobiografia, *História de uma alma*, Teresa diz que vai falar do efeito da misericórdia de Deus na sua alma. E como ela descreve essa misericórdia de Deus? Diz que Deus a acompanhou, que a ajudou a crescer, que lhe falava ao coração com amor. Deus esteve ao seu lado por toda a vida. Mesmo durante os sofrimentos, a presença viva de Deus a sustentava, encorajava e lhe perdoava os pecados. Teresa compreendeu a misericórdia de Deus não apenas para si, mas para o mundo inteiro. E não apenas no que dizia respeito ao perdão dos pecados, como costumamos pensar. Para Teresa, era muito mais do que isso.

Para entender a visão que a santa de Lisieux tinha da misericórdia, devemos voltar à sua visão de Maria Madalena. Como já falamos, Teresa tinha um pouco de inveja de Santa Maria Madalena, que amava muito Jesus porque muito lhe fora perdoado. Quanto mais somos perdoados, mais amamos quem nos perdoou, e Teresa queria amar Jesus com loucura.

Um dia, Teresa compreendeu que o Senhor lhe perdoara mais do que a Maria Madalena, ainda que não tenha pecado da mesma maneira. E escreveu:

> E com grande doçura ecoa em minha alma a profunda palavra de Nosso Senhor a Simão... Eu sei que «menos ama aquele a quem menos se perdoa». Mas não ignoro também que a mim Jesus perdoou mais do que a Santa Madalena, pois me perdoou por antecipação, porquanto me impediu que caísse.

Deus não apenas perdoa os nossos pecados, mas também nos dá força para não os cometer:

> Pudera explicar o que sinto! Dou aqui um exemplo que traduzirá um pouco meu modo de pensar. Suponha que o filho de um entendido doutor depare no caminho com uma pedra, que o faz cair e fraturar um membro. De pronto lhe acorre o pai, ergue-o com amor, pensa-lhe as lesões, aplicando todos os recursos de sua arte. E o filho, completamente curado, logo lhe testemunha sua gratidão. Não resta dúvida, o filho tem todo o motivo de querer bem ao Pai! Farei, contudo, outra suposição ainda. Sabendo que, no caminho do filho, se encontra uma pedra, o pai apressa-se em tomar a dianteira, e remove-a, sem que ninguém o veja. O filho, por certo, objeto de seu previdente carinho, não tendo

conhecimento da desgraça, da qual o pai o livrara, não lhe mostrará gratidão, e ter-lhe-á menos amor do que se fora curado por ele. Entanto, se souber o perigo, do qual acaba de escapar, não o amará ainda mais?

Teresa experimentou essa misericórdia na própria vida, mas também a viu na vida dos outros, e por isso ganhou uma visão muito mais ampla da misericórdia de Deus. Aos catorze anos, um pouco antes de entrar no Carmelo, ela já estava cheia do amor de Deus. Sentia a necessidade de rezar pelas almas, para que a redenção de Jesus na cruz atingisse todas, sem exceções, para que ninguém se perdesse. Quando ouviu falar de um assassino de Paris que matara três pessoas, o seu coração encheu-se de pena, porque aquele homem ainda não se tinha arrependido. Pelo contrário, era muito arrogante com os juízes e não queria ver um padre. Teresa dizia consigo: «Ele não pode ir para o inferno. Vou rezar por ele». E assim fez. Rezou. Mortificou-se. Encomendou missas. Pediu à irmã Céline que rezasse com ela. Tinha certeza de que Jesus faria algo.

Contudo, nada parecia acontecer. O assassino, Pranzini, mantinha-se impenitente. Estava condenado à morte. No último minuto, já subindo ao cadafalso, logo antes de ser executado, tomou um crucifixo e beijou-o.

Teresa viu a notícia no jornal no dia seguinte e ficou impressionada. Deus havia ouvido suas orações:

> Minha oração foi atendida ao pé da letra! Apesar da proibição de papai de lermos jornais, não pensava desobedecer lendo as passagens que falavam de Pranzini. No dia seguinte à sua execução, cai-me às mãos o jornal *La Croix*. Abro-o apressada e o que vejo? Ah!

> Minhas lágrimas traíram minha emoção e fui obrigada a me esconder. Pranzini não se confessou, subiu ao cadafalso e preparava-se para colocar a cabeça no buraco lúgubre quando, numa inspiração repentina, virou-se, apanhou um Crucifixo que lhe apresentava o sacerdote e beijou por três vezes suas chagas sagradas! Sua alma foi receber a sentença misericordiosa dAquele que declarou que no Céu haverá mais alegria por um só pecador arrependido do que por noventa e nove justos que não precisam de arrependimento!

Teresa chorou de alegria e emoção ao ver o arrependimento daquele homem no último segundo. Compreendeu a força da oração ao ver que ela — a Teresinha, que não podia fazer muito mais do que pedir — teve sua súplica atendida por Deus e que Pranzini se salvaria.

Os jornais referiam-se a Pranzini como «criminoso», «monstro», mas na *História de uma alma* Teresa o chama de «meu primeiro filho», a primeira pessoa que ela salvou pela oração.

Misericórdia e justiça

Às vezes tendemos a opor a misericórdia à justiça. Teresa, pelo contrário, as unia. Numa carta a um padre missionário por quem rezava, disse:

> Sei que é preciso ser muito puro para comparecer diante do Deus de toda a Santidade, mas sei também que o Senhor é infinitamente justo e é esta justiça que aterroriza tantas almas, que faz o objeto da minha alegria e da minha confiança. Ser justo não consiste em exercer a severidade para punir os culpados, é também reconhecer as retas intenções e recompensar

a virtude. Espero tanto da justiça de Deus como da sua misericórdia. É por ser justo que «Ele é compassivo e repleto de doçura, lento em punir e rico em misericórdia. Pois conhece nossa fragilidade, de que massa somos feitos; lembra-se de que somos pó. Como um pai se compadece dos filhos, assim o Senhor tem compaixão de nós» [cf. Sl 102][1].

O caminho para a perfeição é muito simples.

Vejo que basta reconhecer o próprio nada e abandonar-se como criança nos braços de Deus. Deixando para as grandes almas, os grandes pensadores, os belos livros que não consigo entender, menos ainda praticar, alegro-me por ser pequena, pois só as crianças e os que se lhes assemelham serão admitidos ao banquete celeste[2].

Santa Teresa de Lisieux havia compreendido uma coisa importante. Essa confiança lhe permitia receber toda a misericórdia de Deus. Quanto maior a nossa confiança, mas o Senhor nos dá o seu amor. Em contrapartida, não há ofensa maior a Deus do que *não* confiar nEle. Mesmo sendo pobres e imperfeitos, graças à nossa confiança, podemos tocar o coração de Deus e obter dEle tudo de que necessitamos. Deus não resiste à confiança dos seus filhos.

Teresa rezava também por outro missionário, um seminarista medroso e escrupuloso. Ela o convidou a ter mais fé em Deus apesar da sua imperfeição e da sua fraqueza. Numa carta a ele, Teresa inventou uma história

---

[1] *Carta* 226: Ao Pe. Roulland, 09.05.1897.
[2] *Ibidem*.

sobre dois filhos. O que queria demonstrar com a história era como a confiança tocava o coração do Pai:

> Suponho que um pai tenha dois filhos travessos e desobedientes e, vindo castigá-los, vê um deles tremer e se afastar com terror, embora tendo no fundo do coração o sentimento de merecer o castigo; seu irmão, ao contrário, lança-se nos braços do pai dizendo que lastima tê-lo magoado, que o ama e que, para o provar, será obediente doravante; e se esse filho pedir, *com um beijo*, ao pai que o puna, não creio que o coração do feliz pai possa resistir à confiança filial do seu filho cuja sinceridade e o amor conhece[3].

Que audácia a dessa criança! Joga-se nos braços do pai e diz: «Peço que você me perdoe. O que fiz foi errado, mas você sabe que o amo, e quero recomeçar». Essa criança é tão audaz que pede ao pai que a castigue com um beijo. O que esse pai fará? Não pode resistir. Eis o que diz Teresa: «Ele não ignora, todavia, que seu filho recairá nas mesmas faltas, mas está disposto a perdoá-lo sempre se, sempre, o filho o pegar pelo coração...»[4]

Isso foi dito por uma Doutora da Igreja. O pai sempre estará disposto a perdoar desde que o filho o pegue pelo coração. Assim, temos de pegar Deus pelo coração. Deus é infinitamente poderosos, mas tem um ponto fraco: o coração. O seu amor de Pai quer salvar e curar, e Ele gosta de perdoar. Claro, isso requer que tenhamos boa vontade e um desejo real de nos emendar, bem como um amor verdadeiro pelo Pai. Mas por mais que caiamos, o Pai nos perdoará. Isso é confiança infantil no amor

---

3 *Carta* 258: Ao seminarista Bellière, 18.07.1897.
4 *Ibidem*.

do Pai. «Nada vos digo do primeiro filho, meu querido irmãozinho. Deveis imaginar se o pai pode amá-lo tanto e tratá-lo com a mesma indulgência»[5].

O verdadeiro fundamento da confiança

Quanto mais confiança tivermos em Deus, mais amor e graças Ele nos dará. Acabamos de falar da importância da confiança, mas qual é o seu fundamento? No que a baseamos? Porque às vezes podemos nos enganar. Pensamos confiar em Deus, mas na verdade não confiamos nEle, e sim em nós mesmos.

Imaginemos um católico exemplar, que se comporta bem, que é um bom exemplo, que confia em Deus. De repente, essa pessoa cai num pecado verdadeiramente humilhante. Fica triste e desanimada. Sua confiança em Deus diminui, quase acaba, porque ele passa a sentir-se um pecador miserável afinal.

O que esse tipo de reação quer dizer? Quer dizer que a sua «confiança em Deus» não era mesmo uma confiança em Deus, mas em si próprio, nas próprias obras. Com a queda, sua confiança desapareceu. Isso não é confiança em Deus, pois Deus não muda.

O que é a verdadeira confiança em Deus? É uma confiança apoiada somente nEle, na misericórdia dEle. Isso implica reconhecer-se frágil e pobre, e assim a queda não desanima, porque a confiança se mantém intacta.

Isso nem sempre é fácil, porque centramo-nos muito em nós mesmos em vez de centrarmo-nos em Deus. Passamos muito tempo nos medindo: «Quanto progredi

---

5   *Ibidem.*

espiritualmente? Estou na terceira ou na sexta morada de Santa Teresa de Ávila?» Não digo que essas perguntas são ruins. O que é ruim é estarmos o tempo todo nos examinando com medo e preocupação de não estarmos no topo.

Claro, precisamos de estímulo para praticar as virtudes, e por isso devemos fazer um exame de consciência com frequência, mas é importante não perder de vista que a verdadeira confiança tem seu único fundamento em Deus, não nas nossas obras.

Ao final da *História de uma alma*, encontramos um trecho surpreendente. Teresa, exausta, já muito doente da tuberculose que a haveria de matar, tinha dificuldades para escrever, de maneira que as últimas linhas do livro foram escritas a lápis. E essas últimas linhas são sobre o fundamento da misericórdia:

> Sobretudo, imito o comportamento de Madalena, seu espantoso, ou melhor, seu amoroso atrevimento, que encanta o Coração de Jesus, conquista o meu. Sinto-o. Mesmo que eu tivesse na consciência todos os pecados que se possa cometer, iria, com o coração dilacerado pelo arrependimento, lançar-me nos braços de Jesus, pois sei o quanto ama o filho pródigo que volta para Ele. Não é porque Deus, na sua obsequiosa misericórdia, preservou minha alma do pecado mortal que me elevo para Ele pela confiança e pelo amor.

Não era porque Deus tinha protegido sua alma do pecado mortal que ela ia para Ele cheia de confiança e amor. Já sem forças para escrever, falou à sua superiora:

> Ainda que eu tivesse sobre a minha consciência todos os crimes que se podem cometer, não perderia

45

nada da minha confiança. Iria de coração partido de arrependimento lançar-me nos braços do meu Salvador. Sei que Ele acalenta o filho pródigo, ouvi suas palavras à Santa Maria Madalena, à mulher adúltera, à samaritana. Não, ninguém me poderia assustar, porque sei agarrar-me ao seu amor e à sua misericórdia. Sei que toda essa multidão de ofensas seria desfeita num piscar de olhos, como uma gota d'água atirada num braseiro ardente[6].

Essa confiança em Deus é o verdadeiro fundamento da vida espiritual. Não são as ações do homem, mas a graça de Deus. Claro, precisamos corresponder à graça. Teresa queria ser santa. Era generosa, praticava as virtudes, mas onde punha a sua confiança? Em Deus, não nas próprias obras. Teresa também entendia que a confiança é necessária para receber toda a misericórdia de Deus.

Mas também é precisa humildade para reconhecer a nossa pequenez. Não podemos contar com a misericórdia de Deus e conosco próprios mais as nossas obras. É um ou outro. Contar com as próprias forças e gloriar-se nas próprias obras era o pecado dos fariseus. Teresa pôs-se do lado dos publicanos, que se sabiam pobres mas rezavam a Deus e punham toda a esperança na misericórdia de Deus.

O que às vezes nos impede de receber a misericórdia de Deus é a nossa falta de misericórdia, mas outras vezes pode ser a falta de humildade. Não somos pobres de coração. Queremos salvar-nos por conta própria em vez de receber a salvação como um dom de Deus.

---

[6] Citado por Fernand Laudet, *Sainte Thèrese de Lisieux*, Éditions Frédérique Patat, 2012.

Recordemos o que Teresa escreve numa das suas cartas:

> Ah, como são pouco conhecidos a bondade, o amor misericordioso de Jesus, Irmão! [...] É verdade que para gozar desses tesouros é preciso humilhar-se, reconhecer o próprio nada, e é isso que muitas almas não querem fazer[7].

Assim, para receber toda misericórdia de Deus, temos que ser humildes, fazer-nos pequenos, reconhecer que tudo vem de Deus, e aceitar a nossa dependência da misericórdia de Deus. Todas as nossas riquezas não são nossas, não fomos nós que as criamos. Nossas riquezas são o amor de Deus por nós. Isso não quer dizer que nos basta sentar e esperar que sejamos salvos. Temos que fazer tudo o que pudermos. Só que a nossa segurança, a nossa esperança, é a misericórdia de Deus.

Umas semanas antes de morrer, Teresa teve um momento de impaciência com a irmã. E foi pedir perdão. Eis o que disse depois:

> Como sou feliz vendo-me imperfeita e com tanta necessidade da misericórdia de Deus no momento da morte[8].

E passados uns dias:

> Sente-se uma grande paz, quando se é absolutamente pobre, quando só se conta com o bom Deus[9].

---

[7] *Carta 261 ao Pe. Bellière*, 26.07.1897.
[8] *Últimas conversas*, 29.07.1897.
[9] *Caderno Amarelo*, 6.8.4.

Pobreza de coração

Quanto mais confiarmos somente em Deus, que é a verdadeira pobreza de coração, mais paz encontraremos. Ao assumirmos a nossa pobreza absoluta e a nossa total dependência do amor de Deus, dá-nos uma grande paz porque Deus não nos abandona. Sozinhos podemos ter dificuldades, mas Deus não nos deixa jamais. Sempre devemos ter confiança em Deus, mas com humildade e pobreza de coração.

Vejamos outro santo: São Bento (480-547). Na sua *Regra* há um capítulo chamado «Quais são os instrumentos das boas obras». É como a caixa de ferramentas do bom monge; tem tudo de que ele precisa. Esse capítulo possui setenta e sete pontos e começa pelo básico: amar a Deus e ao próximo, não matar, não roubar. Depois as regras ficam mais refinadas.

Um dos últimos pontos, o setenta e quatro, instrui a nunca desesperar da misericórdia de Deus. Esse conselho pode ser a ferramenta mais útil da caixa. Quando todas as outras falharem, ainda tenho esse instrumento de salvação: nunca desesperar da misericórdia de Deus.

Há muita sabedoria nesse ponto, mas o que ele quer dizer de verdade? Quer dizer: «Façam coisas boas e progridam espiritualmente. Tentem ser boas pessoas com tudo o que isso supõe na prática. Se der certo, deem graças a Deus. Mas quando vocês ficarem face a face com a sua miséria, com os seus fracassos e o seu pecado, não se desesperem. Ponham a confiança na misericórdia de Deus, que virá em seu auxílio». Embora muitos séculos separem São Bento e Santa Teresa de Lisieux, a mensagem é a mesma. E é uma mensagem importante para nós.

Dar e receber misericórdia

Há outro ponto interessante da vida de Santa Teresa: ela não se contentava apenas com receber a misericórdia; também a praticava. Quanto mais crescia o seu amor, mais crescia a sua misericórdia.

Sem deixar de rezar muito pelos sacerdotes, pelos pecadores, pela Igreja e pelos missionários, ela vivia a caridade com as suas irmãs da comunidade. No seu convento morava uma irmã de personalidade muito irritante. Nenhuma religiosa queria trabalhar com ela, exceto Teresa. A santa queria manter-se próxima dessa sua irmã, queria ser misericordiosa com ela.

Teresa dizia que as almas mais feridas são aquelas com quem é mais difícil conviver, mas são também aquelas que precisavam de mais amor. Ela disse que a caridade é como uma lâmpada, e que Jesus nos diz para não esconder essa lâmpada. O Papa Francisco nos recorda que a misericórdia de Deus é uma graça imensa que nos é dada. Mas que também é um chamado, um mandamento: temos de ser misericordiosos uns com os outros.

Dois anos antes de morrer, Teresa começou a compreender cada vez mais essa misericórdia e queria muito comunicar essa compreensão aos outros. Sentia-se chamada a dar-se a essa misericórdia e a oferecer-se inteiramente para torná-la conhecida: queimar-se, por assim dizer, com essa misericórdia como um sacrifício queimado num altar.

Teresa explicou como recebeu esse chamado. Na sua época havia pessoas que se ofereciam a Deus como vítimas com a seguinte ideia: «Vou aceitar e suportar todos os castigos da justiça divina pelos pecadores». Teresa, por sua vez, pensava: «Certo, é muito bom fazer isso, é muito generoso, mas não é o meu chamado. Quero mesmo glorificar a misericórdia de Deus, que não é conhecida o suficiente». Eis o que escreve:

> Pensava nas almas que se oferecem como vítimas à Justiça divina, a fim de desviar e atrair sobre si os castigos reservados aos culpados. Esse oferecimento parecia-me grande e generoso, mas estava longe de sentir-me inclinada a fazê-lo. «Oh, meu Deus!», exclamei no fundo do meu coração, «só vossa Justiça recebe almas que se imolam como vítimas? Vosso Amor Misericordioso não precisa também?»[10]

Este é o grande sofrimento de Teresa: que o amor de Deus seja tão pouco conhecido e tão pouco aceito. Tantas pessoas fecham-se, ou correm de medo, em vez de abrirem-se totalmente para o amor divino e entregarem-se a ele por inteiro. Ela continua:

> Parece-me que estaríeis feliz em não conter as ondas de infinitas ternuras que estão em Vós. Se vossa justiça gosta de descarregar-se, embora só se exerça na terra, quanto mais vosso Amor Misericordioso que se eleva até os Céus deseja abrasar as almas.

Há torrentes de amor de Deus. Oceanos de ternura querendo avançar sobre o mundo, mas infelizmente não são bem-vindos. Assim, Teresa entregou-se a Deus para que o mundo possa acolher o amor e a misericórdia dEle.

Esta pode ser a nossa oração: «Senhor, que o fogo do vosso amor e da vossa misericórdia arda no meu

---

10   *História de uma alma.*

coração, que eu possa me purificar e renovar a fim de comunicá-los ao mundo». Lembremo-nos das palavras de Jesus: *Vim trazer fogo à terra* (Lc 12, 49).

Uma imensidão de amor existe no coração de Deus, infinitamente maior do que qualquer coisa que possamos imaginar. Como Deus quer que espalhemos esse amor! Ele precisa que nós acolhamos essa misericórdia. Não se trata de fazermos penitências extraordinárias; de sofrer mais do que precisamos. Trata-se, contudo, de amar mais e receber mais o amor dEle com uma confiança maior, a fim de dar esse amor com mais liberdade e mais generosidade de coração.

É assim que Deus age. Da nossa parte, é uma questão de dizer que sim, de desejar, de pôr nossos corações nas mãos dEle e pedir o fogo de amor e misericórdia.

Nem sempre o sentimos. Mas não é questão de sentir; é questão de fé. Devemos rezar: «Creio no vosso amor. Quero viver pelo vosso amor para que o mundo possa ser curado, porque apenas o vosso amor e a vossa misericórdia curam as feridas do homem de hoje».

Deus quer curar toda violência e maldade. Ofereçamos nossos corações ao Senhor para que Ele possa passar por nós e visitar o mundo inteiro.

APÊNDICE I

Citações de Santa Faustina (1905-1938) sobre a Divina Misericórdia:

Santa Faustina é uma santa polonesa que ingressou na Congregação das Irmãs de Nossa Senhora da Misericórdia depois da Primeira Guerra Mundial. Recebeu a visão e a mensagem da Misericórdia Divina do Senhor junto com o mandato de a difundir pelo mundo. Depois da sua morte, o seu diário, A Misericórdia Divina na minha alma, *tornou-se a fonte e a referência da devoção da Igreja à Misericórdia Divina.*

1. Meu Coração é um mar de misericórdia

Hoje o Senhor me disse: «Abri o Meu Coração como fonte viva de misericórdia; que dela tirem vida todas as almas, que se aproximem desse mar de misericórdia com grande confiança. Os pecadores alcançarão justificação, e os justos serão confirmados no bem. Quem quer que ponha a sua confiança na minha misericórdia será repleto da minha paz divina na hora da morte».

O Senhor disse-me: «Minha filha, não te canses de proclamar a minha misericórdia. Assim, dará refresco a este meu Coração, que arde com uma chama de pena pelos pecadores. Diz a meus sacerdotes que os pecadores endurecidos arrepender-se-ão ao ouvir suas palavras quando falam da minha misericórdia inefável, da compaixão que tenho por eles no meu Coração. Aos sacerdotes que proclamarem e exaltarem a minha misericórdia, darei um poder maravilhoso; ungirei as palavras deles e tocarei os corações daqueles com quem falarem».

2. Não excluí ninguém

Hoje o Senhor me disse: «Minha filha, meu agrado e deleite, nada me impedirá de dar-te graças. A tua miséria não é obstáculo à minha misericórdia. Minha filha, escreve que quanto maior a miséria de uma alma, maior é o seu direito à minha misericórdia; exorte todas as almas a confiar no abismo insondável da minha misericórdia, pois quero salvá-las todas. Na Cruz, a fonte da minha misericórdia foi aberta pela lança para todas as almas. Não excluí ninguém!»

3. Diálogos do Deus Misericordioso com uma Alma Pecadora

Alma: Senhor, reconheço a vossa santidade, e vos temo.

Jesus: Minha filha, temes o Deus da Misericórdia? Minha santidade não me impede de ser misericordioso. Eis que estabeleci um trono de misericórdia para ti na terra — o sacrário —, e deste trono desejo entrar no teu coração. Não estou cercado por comitiva nem guardas. Podes vir a mim a qualquer momento, a qualquer hora. Quero falar contigo e desejo conceder-te a graça.

Alma: Senhor, duvido que perdoareis os meus numerosos pecados. Minha miséria me enche de medo.

Jesus: Minha misericórdia é maior que teus pecados e que os pecados do mundo inteiro. Quem pode medir a extensão da minha bondade? Por ti desci do Céu à terra; por ti deixei pregarem-me na cruz; por ti deixei meu Sagrado Coração ser perfurado com uma lança, escancarando assim a fonte da misericórdia para ti. Vem, pois, com confiança haurir as graças desta fonte. Nunca rejeito um coração contrito. Tua miséria desapareceu nas profundezas da minha misericórdia. Não argumente comigo sobre a tua perversidade. Agradar-me-ás se me entregares todos os teus problemas e padecimentos. Acumularei sobre ti os tesouros da minha graça.

4. Apelo à misericórdia divina

Deixa os grandes pecadores porem a sua confiança na minha misericórdia. Têm antes dos outros o direito de confiar no abismo da minha misericórdia. Minha filha, escreve sobre a minha misericórdia para com as almas atormentadas. Almas que apelam à minha misericórdia agradam-me. Para elas, concedo ainda mais graças do que pedem. Não posso castigar nem mesmo o maior dos pecadores se ele apelar à minha compaixão. Pelo contrário, justifico-o na minha misericórdia inefável e inescrutável. Escreve: antes de vir como justo Juiz, escancaro as portas da minha misericórdia. Aquele que se recusa a passar pela porta da minha misericórdia deve passar pela porta da minha justiça.

5. Oração para ser misericordioso com os outros

Ó Santíssima Trindade, quantas vezes o meu peito respirar, quantas vezes o meu coração bater, quantas vezes o meu sangue pulsar em mim, outras tantas mil vezes desejo adorar vossa misericórdia. Desejo transformar-me toda em vossa misericórdia, para tornar-me o Vosso reflexo vivo, ó meu Senhor! Que a vossa misericórdia, que é insondável e de todos os atributos de Deus o mais sublime, se derrame do meu coração e da minha alma sobre o próximo.

Ajudai-me, Senhor, para que os meus olhos sejam misericordiosos, de modo que eu jamais suspeite ou julgue as pessoas pela aparência externa, mas perceba a beleza interior dos outros e possa ajudá-los.

Ajudai-me, Senhor, para que os meus ouvidos sejam misericordiosos, de modo que eu esteja atenta às necessidades dos meus irmãos, e não me permitais permanecer indiferente diante de suas dores e lágrimas.

Ajudai-me, Senhor, para que a minha língua seja misericordiosa, de modo que eu nunca fale mal dos meus irmãos; que eu tenha para cada um deles uma palavra de conforto e de perdão.

Ajudai-me, Senhor, para que as minhas mãos sejam misericordiosas e transbordantes de boas obras; que jamais se cansem de fazer o bem aos outros, enquanto aceito para mim as tarefas mais difíceis e penosas.

Ajudai-me, Senhor, para que sejam misericordiosos também os meus pés, para que levem sem descanso ajuda aos meus irmãos, vencendo a fadiga e o cansaço; o meu repouso esteja no serviço ao próximo.

Ajudai-me, Senhor, para que o meu coração seja misericordioso e se torne sensível a todos os sofrimentos do próximo; ninguém recebe uma recusa do meu coração. Que eu conviva sinceramente mesmo com aqueles que abusam de minha bondade. Quanto a mim, encerro-me no Coração Misericordiosíssimo de Jesus, silenciando aos outros o quanto tenho que sofrer.

Vós mesmo mandais que eu me exercite em três graus da misericórdia; primeiro: ato de misericórdia, de qualquer gênero que seja; segundo: palavra de misericórdia — se não puder com a ação, então com a palavra; terceiro: oração. Se não puder demonstrar a misericórdia com a ação nem com a palavra, sempre a posso com a oração. A minha oração pode atingir até onde não posso estar fisicamente.

Ó meu Jesus, transformai-me em Vós, porque Vós tudo podeis.

APÊNDICE II

Citações de Santa Teresa de Lisieux (1873-1897):

1. Trecho do Poema n. 50, «Por que eu te amo, Maria»

> Como te amo, Maria, ao declarar-te serva
> Do Deus que conquistaste por tua humildade,
> Tornou-te onipotente essa virtude oculta.
> Ela ao teu coração trouxe a Trindade santa
> e o Espírito de Amor, cobrindo-te em sua sombra,
> O Filho, igual ao Pai, encarnou-se em teu seio.
> Inúmeros serão seus irmãos pecadores,
> Uma vez que Jesus é o teu primeiro filho!...
> Ó Mãe muito querida, embora pequenina,
> Trago em mim, como tu, o Todo-Poderoso
> e nunca tremo ao ver em mim tanta fraqueza.
> O tesouro da Mãe é possessão do Filho,
> e sou tua filha, ó Mãe estremecida.
> Tua virtude e amor não são, de fato, meus?
> E quando ao coração me vem a Hóstia santa,
> Teu Cordeiro, Jesus, crê que repousa em Ti!...
> Tu me fazes sentir que não é impossível
> Os teus passos seguir, Rainha dos eleitos,
> Pois o trilho do céu nos tornaste visível,
> Vivendo cada dia as mais simples virtudes.
> Quero ficar pequena ao teu lado, Maria,
> Por ver como são vãs as grandezas do mundo.
> Ao ver-te visitar a casa de Isabel,
> Aprendo a praticar a caridade ardente.
> Aí escuto absorta, ó Rainha dos anjos,
> O canto celestial que jorrou de teu peito;
> Ensinas-me a cantar os divinos louvores

A VERDADEIRA MISERICÓRDIA

> *E a só me gloriar em Jesus Salvador.*
> *Tuas frases de amor caíram como rosas*
> *Que iriam perfumar os séculos futuros.*
> *O Todo-Poderoso em ti fez maravilhas,*
> *Cujas bênçãos, na prece, quero usufruir.*

2. Trecho de História de uma alma

Reconheço que, sem Ele, poderia cair tão baixo como Santa Madalena. E com grande doçura ecoa em minha alma a profunda palavra de Nosso Senhor a Simão... Eu sei que «menos ama aquele a quem menos se perdoa». Mas não ignoro também que a mim Jesus perdoou mais do que a Santa Madalena, pois me perdoou por antecipação, porquanto me impediu que caísse. Oh! pudera explicar o que sinto! ... Dou aqui um exemplo que traduzirá um pouco meu modo de pensar. — Suponho que o filho de um entendido doutor depare no caminho com uma pedra, que o faz cair e fraturar um membro. De pronto lhe acorre o pai, ergue-o com amor, pensa-lhe as lesões, aplicando todos os recursos de sua arte. E o filho, completamente curado, logo lhe testemunha sua gratidão. Não resta dúvida, o filho tem todo o motivo de querer bem ao Pai! Farei, contudo, outra suposição ainda. Sabendo que, no caminho do filho, se encontra uma pedra, o pai apressa-se em tomar a dianteira, e remove-a, sem que ninguém o veja. O filho, por certo, objeto de seu previdente carinho, não tendo conhecimento da desgraça, da qual o pai o livrara, não lhe mostrará gratidão, e ter-lhe-á menos amor do que se fora curado por ele... Entanto, se souber o perigo do qual acaba de escapar, não o amará ainda mais? Ora, tal filha sou eu, objeto do amor previdente de um Pai que enviou seu Verbo para resgatar não os justos, mas os pecadores. Quer que eu o ame porque me perdoou, não digo muito, mas tudo. Não esperava que eu muito o amasse, como Santa Madalena, mas quis que soubesse como me amou com um amor de inefável previdência, a fim de que agora o ame até a loucura! Ouvi dizer que não se encontra alma pura mais amorosa do que uma alma arrependida. Oh! Quem me dera desmentir a afirmação!

Direção geral
Renata Ferlin Sugai

Direção de aquisição
Hugo Langone

Produção editorial
Sandro Gomes
Juliana Amato
Gabriela Haeitmann
Ronaldo Vasconcelos
Roberto Martins

Capa
Gabriela Haeitmann

Diagramação
Sérgio Ramalho

ESTE LIVRO ACABOU DE SE IMPRIMIR
A 01 DE JUNHO DE 2024,
EM PAPEL PÓLEN BOLD 90 g/m².